Mira Faßbender

Gut vorbereitet auf VERA Deutsch

Systematische Übungen zu den bundesweiten Vergleichsarbeiten

PERSEN

Die Autorin

Mira Faßbender hat Lehramt für die Grund-, Haupt- und Realschule studiert. Sie arbeitet als Grundschullehrerin in Köln und ist Autorin zahlreicher Veröffentlichungen im Persen Verlag.

Gedruckt auf umweltbewusst gefertigtem, chlorfrei gebleichtem und alterungsbeständigem Papier.

1. Auflage 2019

Grafik: Hauptillustratorin: Carla Miller
Weitere Grafiken von: Oliver Wetterauer (Seite 33, 64), Elisabeth Lottermoser (Seite 22), Stephan Lucas (Seite 44), Christina Piper (Seite 54), Carla Miller (Seite 62)
Fotos: Astrid Lindgren (S. 27, 28): © Roine Karlsson, Astrid Lindgren: Pippi Langstrumpf (Seite 28) © Verlag Friedrich Oetinger, Hamburg 2007 und Ronja Räubertochter (Seite 29) © Verlag Friedrich Oetinger, Hamburg 1982
Text: Der kleine Wassermann, Otfried Preußler: © Thienemann-Esslinger Verlag GmbH
Satz: Satzpunkt Ursula Ewert GmbH, Bayreuth

ISBN: 978-3-403-20428-2

www.persen.de

Inhaltsverzeichnis

Vorwort

Im zweiten Halbjahr werden in den dritten Klassen aller allgemeinbildenden Schulen und Klassen in Deutschland Vergleichsarbeiten (VERA 3) geschrieben. Mit den Vergleichsarbeiten in Form von Tests wird untersucht, welche Kompetenzen die Schüler[1] zu einem bestimmten Zeitpunkt erreicht haben.

Mit den Testaufgaben werden die in der Grundschulzeit erworbenen Kompetenzen geprüft. Im Fach Deutsch stehen jeweils zwei der vier Leitideen auf dem Prüfstand:

- Lesen
- Zuhören
- Orthografie
- Sprache und Sprachgebrauch

In der Praxis wird der Test kontrovers diskutiert. In der Diskussion stehen der verschärfte Leistungsdruck, der dadurch bei einigen Kindern erzeugt wird, sowie die ungewohnten Testbedingungen. Zudem werden die verschiedenen Kompetenzen in teilweise unbekannten Übungsformaten abgefragt, was eine besondere Herausforderung für die Schüler darstellt.

Die Durchführungsbestimmungen schließen Hilfestellungen und Tipps aus.

Das Material „Gut vorbereitet auf VERA Deutsch“ eignet sich sehr gut für den Einsatz im Unterricht. Sie erhalten Unterstützungsmaterial zur Nutzung für unterrichtliche Zwecke, das bekannte und unbekannte Formate umfasst. Die Übungen machen Ihre Schüler in testfreien Situationen mit den VERA-Aufgabenformaten vertraut. Die Kinder bearbeiten sie im eigenen Arbeitstempo ohne Leistungsmessung und -druck. Somit reagieren sie in der Prüfungssituation der Vergleichsarbeiten ruhiger und gelassener auf die nun schon bekannten Aufgabenformate. Für Kinder mit Prüfungsängsten ist eine solche Vorbereitung im regulären Unterricht eine sinnvolle Hilfestellung, um den Vergleichsarbeiten gelassener entgegenblicken zu können.

1 Wir sprechen hier wegen der besseren Lesbarkeit von Schülern bzw. Lehrern in der verallgemeinerten Form. Selbstverständlich sind auch alle Schülerinnen und Lehrerinnen gemeint.

Das erste Kapitel beschäftigt sich mit dem Kompetenzbereich Lesen.

Sie finden auf den folgenden Seiten verschiedene Textsorten. Teilweise handelt es sich um diskontinuierliche Texte. Die Kinder müssen sich beim Lesen erst einmal einen Überblick verschaffen. In der Regel können sie sich nicht alle vorliegenden Informationen direkt merken. Dies ist für das Bearbeiten der Aufgaben auch nicht nötig. Die Schüler sollen vielmehr die erforderlichen Informationen für die Beantwortung der Fragen wiederfinden und gezielt einsetzen. Daher liegt der Fokus auf dem „genauen Lesen". Zudem muss die richtige Lösung eigenständig produziert werden. Im Unterricht sollten diskontinuierliche Texte regelmäßig besprochen werden, da sie den Schülern im Alltag häufig begegnen, zum Beispiel beim Lesen des Stundenplans, der Programmhefte von Ferienangeboten, von Kinoheften und vielem mehr.

Zu den Übungsaufgaben gehören:

1. Ankreuzen: Eine oder mehrere Antworten sind möglich.
2. Antworten schreiben: Die Antworten sollen in ganzen Sätzen geschrieben werden.
3. Ergänzen: Fehlende Wörter müssen ergänzt werden.
4. Stimmt oder stimmt nicht: Die richtige Aussage muss angekreuzt werden.
5. Deine Meinung ist gefragt: Hier gibt es kein Richtig oder Falsch, die Kinder sollen sich eine Meinung bilden und diese aufschreiben.
6. Unterstreichen: Bestimmte Textstellen im Text sollen wiedergefunden und unterstrichen werden.

Die Übungsaufgaben für den Kompetenzbereich Lesen sind als Einzelarbeit vorgesehen, da die Schüler bei VERA auch alleine arbeiten müssen. Selbstverständlich können alle Texte und die zugehörigen Aufgaben im Unterricht auch als Partner- oder Gruppenarbeit verwendet werden. Jede Übung muss nicht nur sorgfältig gelesen, sondern nach dem Ausfüllen noch einmal genau kontrolliert werden. Falls ein Kind eine Aufgabe nicht bearbeiten kann, soll es mit der nächsten Aufgabe beginnen.

1	Name: ______________________ Datum: ______________

1. Lies den Text.

Willkommen im Kölner Zoo

Öffnungszeiten

Wir sind 365 Tage im Jahr für Sie da!

März–Oktober: 9–18 Uhr (Kassenschluss 17.30 Uhr)

November–Februar: 9–17 Uhr (Kassenschluss 16.30 Uhr)

Alle Tierhäuser inkl. Aquarium schließen jeweils 15 Minuten vor Ende der Öffnungszeiten.

Preise

Tagesticket:

Erwachsene 19,50 €

Kinder 9 € (4 bis einschließlich 12 Jahre, Kinder bis 3 Jahre kostenfrei)

Schüler/Studenten/Azubis 14,50 €

Feierabendticket:

Erwachsene 16 €

Kinder 7,50 €
(4 bis einschließlich 12 Jahre)
(Montag bis Freitag
ab 16 Uhr von März–Oktober,
ab 15 Uhr von November–Februar)

Kindergärten und Schulklassen:

Lehrer/Erzieher 7 €

Kinder/Schüler 7 €
(4 bis einschließlich 12 Jahre,
Kinder bis 3 Jahre kostenfrei)

Gruppenticket (ab 15 Personen):

Erwachsene 16,50 €

Kinder 7,50 €
(4 bis einschließlich 12 Jahre,
Kinder bis 3 Jahre kostenfrei)

Fütterungen

10.45 Uhr	Pinguine
11.30 Uhr	Seelöwen
13.45 Uhr	Erdmännchen
14.00 Uhr	Flusspferde (im Hippodrom)
14.30 Uhr	Flugschau (nur bei trockenem Wetter, nur März–Oktober)
15.00 Uhr	Paviane
15.00 Uhr	Krallenotter (im Regenwald)
15.00 Uhr	Piranhas (im Aquarium)
15.30 Uhr	Pinguine
16.00 Uhr	Seelöwen

2	Name: ______________________ Datum: ______________

2. *Kreuze an. Was stimmt?*

☐ Wir sind 356 Tage im Jahr für Sie da!
☐ Wir sind 563 Tage im Jahr für Sie da!
☐ Wir sind 365 Tage im Jahr für Sie da!
☐ Wir sind 635 Tage im Jahr für Sie da!

Wie viele Monate hat der Zoo bis 18 Uhr geöffnet?

☐ 6 ☐ 7 ☐ 8 ☐ 9

Wie viel Eintritt zahlt eine Schulklasse, bei der die Schüler zwischen 10 und 12 Jahre alt sind?

☐ Kinder zahlen 7 Euro, Erwachsene 7 Euro.
☐ Kinder zahlen 6 Euro, Erwachsene 7 Euro.
☐ Kinder zahlen 7 Euro, Erwachsene 6 Euro.
☐ Kinder zahlen 7 Euro, Erwachsene 8 Euro.

Was stimmt?

☐ Das Feierabendticket ist billiger als das normale Ticket.
☐ Das Feierabendticket ist teurer als das normale Ticket.
☐ Das Feierabendticket kostet genauso viel wie das normale Ticket.

Was passiert im Monat Juni?

☐ Der Zoo hat geschlossen.
☐ Die Kasse schließt um 17.30 Uhr.
☐ Erwachsene zahlen 5 Euro Eintritt.

3	Name: ______________________ Datum: ______________

3. Antworte im ganzen Satz.

An welchem Tag hat der Zoo geschlossen?

____

Wie oft gibt es eine öffentliche Fütterung der Pinguine?

____

Wie viel kostet der Eintritt für ein Kind, das 8 Jahre alt ist?

____

Wann schließt der Zoo im Dezember?

____

Was zahlen Kinder, die 2 Jahre alt sind?

____

Was bedeutet „Feierabendticket"?

____

____

4. Stimmt oder stimmt nicht?

	Stimmt!	**Stimmt nicht!**
Der Zoo ist für alle Leute kostenlos.		
Der Zoo hat immer bis 18 Uhr geöffnet.		
Von März bis Oktober öffnet der Zoo um 9 Uhr.		
Ein 4-jähriges Kind zahlt keinen Eintritt.		
Das Aquarium schließt 15 Minuten vor Ende der Öffnungszeiten.		
Ein Erwachsener zahlt 20 Euro Eintritt.		

5. Deine Meinung ist gefragt.

Kann ich mir die Fütterung der Paviane und Piranhas an demselben Tag anschauen? Begründe!

____

____

____

____

4	Name: ____________________ Datum: ____________	

1. *Lies den Text.*

Rezept – Heute backen wir leckere Muffins!

Die Zutaten – das brauchst du alles für die Muffins:

- 3 Möhren
- 1 großes Glas Apfelmus
- 1 Packung Vanillezucker
- 1 Packung Backpulver
- 1 Tasse braunen Zucker
- 1 kleines Glas Sonnenblumenöl
- 3 Tassen Mehl
- 1 Packung Haselnüsse (gemahlen)

Zudem brauchst du noch folgende Küchenutensilien:

- 12 Muffinförmchen
- einen Mixer
- eine Schüssel
- eine Reibe (um die Möhren klein zu raspeln)
- einen Löffel

Der Vorgang – so backst du die Muffins:

1. Zunächst müssen die Möhren klein geraspelt werden. Das geht am besten mit einer Reibe. Solche Reiben sind manchmal ganz schön scharf, vielleicht kann dir ein Erwachsener dabei helfen.
2. Danach werden alle Zutaten in eine Schüssel gegeben und mit dem Mixer ordentlich durchgerührt.
3. Anschließend wird alles in die Muffinförmchen gegeben.
4. Nun kommen die Muffinförmchen auf ein Blech und in den Ofen. Deine Mama oder dein Papa helfen dir sicher beim Einstellen des Ofens (180 Grad). Schaut gemeinsam auf die Uhr und holt die Muffins nach 20 Minuten raus.
5. Nun müssen die Muffins noch etwas abkühlen und dann heißt es …

GUTEN APPETIT!

5	**Name:** ____________________ **Datum:** ____________

2. *Kreuze an.*

Wie viele Zutaten brauchst du für die Muffins?

☐ 6 Zutaten
☐ 7 Zutaten
☐ 8 Zutaten
☐ 9 Zutaten

Wie lange müssen die Muffins in den Ofen?

☐ 10 Minuten
☐ 15 Minuten
☐ 20 Minuten
☐ 30 Minuten

Was musst du bei dem Rezept nicht machen?
(Mehrere Antworten sind möglich.)

☐ Ich muss Gurken klein raspeln.
☐ Ich muss die Muffins auskühlen lassen.
☐ Ich muss Äpfel stampfen.
☐ Ich muss Salz hinzugeben.

3. *Antworte im ganzen Satz.*

Wie viele Möhren brauchst du für die Muffins?

____

4. *Ergänze die fehlenden Wörter.*

Heute backen wir leckere ______________________.
Dafür brauchst du 3 ______________________ Mehl.
Die ______________________ müssen fein geraspelt werden.
Wenn der Teig fertig ist, kommen die Muffins in den ______________.

6	Name: ______________________ Datum: ______________

5. *Stimmt oder stimmt nicht?*

	Stimmt!	Stimmt nicht!
Die Muffins sind ohne Zucker.		
Man braucht für die Muffins Tomaten.		
Für den Teig benötigst du ein großes Glas Apfelmus.		
Wichtig ist auch ein großes Glas Sonnenblumenöl.		
Die Muffins kommen in den Ofen.		
Nach 30 Minuten sind die Muffins fertig.		

6. *Welche Wörter passen zum Thema „kochen"? Kreise sie ein.*

braten zubereiten tippen backen dünsten schminken

7. *Nummeriere die Sätze in der richtigen Reihenfolge.*

- ☐ Lass es dir schmecken. Guten Appetit!
- ☐ Raspel die Möhren klein.
- ☐ Gib den Teig in die Muffinförmchen.
- ☐ Alle Zutaten kommen in eine Schüssel und werden durchgerührt.
- ☐ Lass die Muffins noch ein wenig auskühlen.
- ☐ Stell die Muffinförmchen auf ein Blech und dann ab in den Ofen damit.

8. *Deine Meinung ist gefragt:*

Hast du eine Idee, wie man die Muffins noch verzieren kann?
Antworte im ganzen Satz!

____

____

Warum sollte dir beim Backen immer ein Erwachsener helfen?

____

____

____

7	Name: ____________________ Datum: ____________

1. *Lies den Text.*

Erlebniswochenende auf dem Bauernhof im Sauerland bei Familie Tillmann

Familie Görne möchte gerne ein Wochenende auf einem Bauernhof im Sauerland verbringen. Sie finden im Internet einen tollen Bauernhof, der nur zwei Stunden mit dem Auto entfernt liegt. Im Internet liest sich die Familie das Programm genau durch, damit sie weiß, was sie an dem Wochenende erwartet.

Auf euch wartet ein tolles Wochenende mit vielen spannenden und lustigen Angeboten!

Unser Programm

Wann?	Was machen wir?	Daran müsst ihr denken!
Freitag:		
nach der Anreise	Erkunden des Bauernhofes auf eigene Faust	Bringt Gummistiefel mit!
16.00 Uhr	Schnupperreiten in der Reithalle	Für das Reiten braucht ihr einen (Fahrrad-)Helm! 
18.30 Uhr	Abendessen	
Samstag:		
ab 8.00 Uhr	Frühstück	
09.30 Uhr – 12.00 Uhr	Reitunterricht in der großen Reithalle	Helm nicht vergessen!
12.00	Mittagessen (in Form eines Büffets)	
danach	freies Spielen auf dem Hof	Viel Spaß beim Entdecken!
15.00 Uhr	Kaffee und Kuchen	
16.00 Uhr	Füttern der Schafe und Ziegen	Wir geben euch das Futter für unsere Tiere. Bitte kein eigenes Futter mitbringen!
18.00 Uhr	Abendessen	
ab 19.00 Uhr	Lagerfeuer und Stockbrot backen auf dem Hof vor dem Pferdestall 	

8

Name: ____________________

Datum: ____________________

Wann?	Was machen wir?	Daran müsst ihr denken!
Sonntag:		
ab 8.00 Uhr	Frühstück	
09.15 Uhr	Ponywanderung durch die schönen Sauerländer Wälder	Helm nicht vergessen!
danach	freies Spielen auf dem Hof	
bis 12.30 Uhr	Sachen packen und die Zimmer fertig machen	

Für Frühaufsteher:

Gerne könnt ihr am Samstag und Sonntag morgens um 7.30 Uhr, noch vor dem Frühstück, die Kühe mit auf die Weide bringen.
Bei Interesse bitte am Abend vorher bei Familie Tillmann Bescheid geben.

Wissenswertes:

- Anreise Freitag ab 14.00 Uhr
- Für die Ponywanderung müssen die Kinder mindestens 6 Jahre alt sein.
- Telefon, Waschmaschine und Trockner sind vorhanden.
- Bitte geben Sie uns Bescheid, falls Sie Allergien haben, damit wir beim Essen darauf achten können.

Wir freuen uns auf Ihren Besuch!
Ihre Familie Tillmann

2. *Kreuze an.*

Ab wann kann Familie Görne auf dem Bauernhof anreisen?

- ☐ 13.00 Uhr
- ☐ 13.30 Uhr
- ☐ 14.00 Uhr
- ☐ 14.30 Uhr

9 **Name:** ____________________

Datum: ____________

Was können Besucher des Bauernhofes, die früh aufstehen, machen?

- ☐ Sie können die Eier der Hühner holen.
- ☐ Sie dürfen die Kühe mit auf die Weide bringen.
- ☐ Sie können das Frühstück mit vorbereiten.
- ☐ Sie dürfen die Ponys reiten.

Was bedeutet „Erkunden des Bauernhofes auf eigene Faust“?

- ☐ Die Kinder streicheln die Tiere mit ihren Händen und Fäusten.
- ☐ Die Kinder bekommen in einem Rundgang den Bauernhof gezeigt.
- ☐ Die Kinder dürfen sich den Bauernhof alleine anschauen.

Was gibt es während des Erlebniswochenendes nicht?

- ☐ Die Kinder machen eine Ponywanderung.
- ☐ Es wird ein Lagerfeuer gemacht.
- ☐ Für alle Besucher gibt es Kaffee und Kuchen.
- ☐ Die Kinder gehen ins Freibad.

3. *Antworte im ganzen Satz.*

Warum heißt das Wochenende „Erlebniswochenende“?

____

____

Was bedeutet „freies Spielen auf dem Hof“?

____

____

Warum brauchen Kinder beim Reiten einen Helm?

____

____

Wo liegt der Bauernhof?

____

____

Wie heißt die Familie, die den Bauernhof betreibt?

____

____

10	Name: ______________________ Datum: ______________

4. *Stimmt oder stimmt nicht?*

	Stimmt!	Stimmt nicht!
Auf dem Bauernhof gibt es auch Kühe.		
Die Kinder müssen das Futter für die Tiere selber mitbringen.		
Am Samstagabend gibt es ein Lagerfeuer und es wird Stockbrot gebacken.		
Die Zimmer müssen am Sonntag bis 11.00 Uhr geräumt sein.		
Auf dem Bauernhof gibt es eine Gemeinschaftwaschmaschine.		
Insgesamt machen die Kinder 4 Ponywanderungen.		
Familie Görne braucht 2 Stunden bis zu dem Bauernhof.		

5. *Deine Meinung ist gefragt.*

Hättest du auch einmal Lust, ein Erlebniswochenende auf dem Bauernhof zu verbringen? Begründe deine Meinung.

____

____

____

____

____

____

____

11	Name: ______________________ Datum: ______________	

1. *Lies den Text.*

Wie das Känguru seinen Beutel bekam

„Joey! Wo bist du?", rief Mutter Känguru laut auf der Suche nach ihrem Sohn. „Komm jetzt her!" Sie sah sich unter den Büschen um, aber sie konnte ihren Joey nicht entdecken. „Hier bin ich!", schrie eine aufgeregte Stimme hinter ihr.

„Joey, du hast mich erschreckt! Du solltest nicht alleine so weit weghüpfen. Das kann gefährlich sein."

„Entschuldigung, Mutter!", sagte Joey. „Aber es gibt so viele aufregende Dinge zu sehen. Mir ist es zu langweilig, hier nur rumzustehen und Gras zu fressen."

„Gras ist gut für dich. Sei jetzt ein braves Kind und lauf nicht wieder davon." Sie senkte den Kopf und fraß das süße Gras.

Als sie aufblickte, war Joey schon wieder verschwunden. Sie seufzte und fing abermals an, ihn zu suchen. Ganz in der Nähe sah sie, wie sich die Blätter eines Busches bewegten. Sie hüpfte schnell hin, da sie dachte, dass es ihr Joey sei. Doch sie fand nur einen fetten, alten Wombat.

„Autsch! Pass auf, wo du hintrittst!", schrie der Wombat. „Es tut mir sehr leid. Ich wollte dir nicht wehtun", sagte Mutter Känguru.

„Ihr großen Tiere denkt nie an die Kleinen mit den kurzen Beinen", grummelte der Wombat. „Aber jetzt wo du hier bist, kannst du mir helfen, gutes Gras zum Essen zu suchen. Ich bin blind und kann nichts mehr finden."

„Ich würde dir gerne helfen, aber ich im Moment suche ich nach meinem Joey", sagte Mutter Känguru.

„Das sind mir die Liebsten, mich übersehen und mir nun nicht helfen", beschwerte sich der Wombat.

„Natürlich werde ich dir helfen", sagte Mutter Känguru. „Greife fest meinen Schwanz und wir suchen gutes Gras."

Und sie hüpfte zusammen mit dem Wombat, der sich an ihrem Schwanz festhielt, los.

Plötzlich stolperte der Wombat. „Halt, du bist zu schnell. Ich muss mich ausruhen!", beschwerte er sich. Während der Wombat sich ausruhte, schaute sich Mutter Känguru wieder nach Joey um. Sie machte sich Sorgen um ihn, wollte aber den armen Wombat nicht alleine lassen. Es war zu gefährlich für jemanden, der nicht sehen konnte, alleine zu sein.

12 | Name: ______ Datum: ______

„Jetzt habe ich Durst!“, beschwerte sich der Wombat erneut. „Bring mich zu etwas Wasser.“

„In Ordnung“, sagte Mutter Känguru. „Ich hoffe, dass meinem Joey nichts passiert ist“, dachte sie.

Sie hüpfte mit ihm zu einem Wasserloch. Auf dem Weg schimpfte der Wombat die ganze Zeit. Als sie das Wasserloch erreichten, entdeckten sie den kleinen Joey, der unter einem schattigen Gummibaum schlief.

In diesem Moment sah Mutter Känguru jedoch einige Männer mit Speeren zum Wasserloch kommen. Sie jagten etwas für ihr Abendessen.

„Schnell, wir müssen uns verstecken! Jäger kommen! Greift beide meinen Schwanz!“, sagte Mutter Känguru zu Joey und dem Wombat.

Sie versteckten sich in den Büschen.

Als die Jäger vorbei waren, sah sich Mutter Känguru nach dem mürrischen Wombat um, aber er war nicht mehr da.

Vor ihnen stand auf einmal Byamee – der Gott aller Geschöpfe. Er erklärte Mutter Känguru und Joey, dass er sich in einen Wombat verwandelt habe und von seiner Himmelswelt heruntergekommen sei, um das freundlichste Tier in diesem Land zu finden.

„Und das freundlichste Tier bist du, Mutter Känguru. Denn selbst, als du dir große Sorgen um Joey gemacht hast, warst du immer noch freundlich zu einem mürrischen, alten Wombat.“

Er nahm etwas Rinde von einem Baum und reichte sie Mutter Känguru. „Jetzt werde ich dir ein besonderes Geschenk machen. Binde dieses Stück Rinde um deinen Bauch.“

Mutter Känguru band die Rinde um ihren Bauch und sie verwandelte sich in einen Beutel.

„Jetzt hast du einen Ort, an dem du Joey davon abhalten kannst wegzulaufen, und wenn er Angst hat, kann er sich dort drin verstecken.“

Joey kletterte in den Beutel seiner Mutter.

Mutter Känguru dankte dem Gott aller Geschöpfe.

Dank der Freundlichkeit von Mutter Känguru haben alle Beuteltiere jetzt einen Beutel, um ihre Babys und kleinen Kinder zu tragen.

Eine Geschichte aus der Traumzeit der Aborigines, neu erzählt von Pauline E. McLeod „How the Kangaroo got its pouch“, in der freien Übersetzung von Mira Faßbender.

13	**Name:** ______________________ **Datum:** ______________	

2. *Kreuze an.*

Wie heißt das kleine Känguru?

- ☐ Joey
- ☐ John
- ☐ Jason
- ☐ Jim

Was weißt du über den alten Wombat?

- ☐ Er ist fröhlich.
- ☐ Er ist jung.
- ☐ Er ist satt.
- ☐ Er ist blind.

Was schenkt Byamee der Kängurumutter?

- ☐ einen Schwanz
- ☐ einen Beutel
- ☐ Essen
- ☐ neue Ohren

Vor wem schützt Mutter Känguru ihren Sohn und den alten Wombat?

- ☐ vor den Jägern
- ☐ vor wilden Tieren
- ☐ vor einem Sturm
- ☐ vor der Sonne

3. *Ergänze die fehlenden Wörter.*

Mutter Känguru meint, dass es für Joey draußen alleine zu ______________ ist.
Ein mürrischer ______________________ raschelt hinter dem Gebüsch.
Alle müssen sich vor den ______________________ verstecken.
Joey und der Wombat halten sich am ______________ von Mutter Känguru fest.

4. *Antworte im ganzen Satz.*

Warum ist Byamee auf die Erde gekommen?

____

____

Warum läuft Joey dauernd weg?

____

____

Was macht Joey am Wasserloch?

____

____

14	Name: ______________________ Datum: ____________

Warum bekommt Joeys Mutter einen Beutel?

___

___

Was kann Mutter Känguru nun mit dem Beutel machen?

___

___

5. *Stimmt oder stimmt nicht?*

	Stimmt!	**Stimmt nicht!**
Hinter dem raschelnden Gebüsch sitzt ein alter Wombat.		
Der Wombat isst gerade ganz viel Grünzeug.		
Die Kängurumutter macht sich Sorgen um Joey.		
Joey wird von den Jägern gefangen genommen.		
Das Kind der Kängurumutter ist sehr brav.		

6. *Unterstreiche die Textstelle im Text.*

- Unterstreiche alle Stellen, bei denen der Wombat mürrisch ist, mit Gelb.
- Unterstreiche die Stelle, an der Byamee erklärt, warum Mutter Känguru einen Beutel bekommt, mit Grün.
- Unterstreiche die Stelle, an der die Kängurumutter das erste Mal auf den Wombat trifft, mit Rot.

7. *Deine Meinung ist gefragt.*

Die Kängurumutter wurde als das freundlichste Tier auf Erden auserwählt. Findest du diese Entscheidung richtig? Begründe.

___

___

___

___

15 Name: ______________________

Datum: ______________

1. Lies den Text.

Das Eichhörnchen

Eichhörnchen leben in Laub- und Mischwäldern. Wegen ihrer scharfen Zähne gehören sie zu der Familie der Nagetiere. Eichhörnchen sind tolle Kletterer. Mit ihren Krallen können sie sich sehr gut an der Baumrinde festhalten und steile Bäume erklimmen. Mit ihren Knopfaugen sehen Eichhörnchen sehr gut und können Entfernungen abschätzen. So wissen sie, wie weit sie bis zum nächsten Baum springen müssen. Mit der feinen Nase können Eichhörnchen sogar Nüsse riechen, die tief in der Erde oder im Schnee vergraben sind. Sie sammeln diese Nüsse im Herbst, damit sie einen großen Vorrat für den Winter haben. Denn Eichhörnchen halten keinen Winterschlaf, sondern nur Winterruhe. Das bedeutet, dass die Eichhörnchen im Winter viel schlafen, manchmal aber aus ihren Nestern kommen und ihre Vorräte ausgraben.

Eichhörnchen sind Allesfresser. Am liebsten essen sie Nüsse, aber auch Früchte, Pilze und Rinde. So niedlich sie auch aussehen, so gefährlich sind Eichhörnchen für Vögel, denn oft klettern sie in Nester und fressen dort Jungvögel oder Eier.

Wenn es dunkel wird, flitzen die Nager in ihr warm gepolstertes Nest, das man Kobel nennt. Mit ihren Ohren können die Eichhörnchen ausgezeichnet hören. Das leise Rascheln von Laub versetzt sie sofort in Alarmbereitschaft, denn sie müssen aufpassen und sich vor dem Fuchs, dem Marder oder auch Greifvögeln in Acht nehmen. Die Ohren des Eichhörnchens werden auch Hörnchen genannt.

2. Kreuze an.

Wieso haben Eichhörnchen lange Krallen?

- ☐ Damit sie gut Nüsse knacken können.
- ☐ Damit sie gut Nüsse ausbuddeln können.
- ☐ Damit sie gut auf Bäume klettern können.
- ☐ Damit sie den Fuchs verjagen können.

16 Name: ____________________ Datum: ____________________

Was machen Eichhörnchen im Winter? Mehrere Antworten sind hier möglich.

- ☐ Sie halten Winterschlaf.
- ☐ Sie halten Winterruhe.
- ☐ Sie suchen ihre Nüsse.
- ☐ Sie sammeln Nüsse für den Frühling.

Wie nennt man den Lebensraum der Eichhörnchen?

- ☐ Laub- und Mischwald
- ☐ Nadelwald
- ☐ Urwald

Die Eichhörnchen gehören zu den ...

- ☐ Mardern.
- ☐ Nagetieren.
- ☐ Katzen.
- ☐ Fischen.

Was stimmt nicht?

- ☐ Eichhörnchen verstecken die Vorräte für ihre Jungen, damit diese lernen, wie man auf Futtersuche geht.
- ☐ Eichhörnchen gehören zu der Familie der Nagetiere.
- ☐ Eichhörnchen sind gute Kletterer.
- ☐ Eichhörnchen haben eine feine Nase.

Was ist ein Allesfresser?

- ☐ Ein Tier, das Nüsse isst.
- ☐ Ein Tier, das hauptsächlich Fleisch isst.
- ☐ Ein Tier, das fast alles isst.

17	Name: ____________________ Datum: ____________

3. *Stimmt oder stimmt nicht?*

	Stimmt!	Stimmt nicht!
Eichhörnchen haben keine Feinde.		
Eichhörnchen essen gerne Vogeleier.		
Eichhörnchen können gut klettern.		
Eichhörnchen nennt man auch Allesfresser.		
Eichhörnchen haben schlechte Ohren.		

4. *Ergänze die fehlenden Wörter.*

In Bäumen bauen die Eichhörnchen oft Nester, die man ____________ nennt.

Mit seinen ____________ sieht das Eichhörnchen sehr gut und kann Entfernungen abschätzen.

Eichhörnchen klettern manchmal in fremde Nester und fressen dort ____________ und ____________.

Die Ohren des Eichhörnchens werden auch ____________ genannt.

5. *Antworte im ganzen Satz.*

Das Eichhörnchen kann einigen Bewohnern des Waldes Schaden zufügen. Welchen?

____

____

Auch wir Menschen gehören zu den Feinden des Eichhörnchens. Hast du eine Idee, warum?

____

____

Das folgende Kapitel beschäftigt sich mit dem Kompetenzbereich Zuhören.

Wieder finden Sie verschiedene Texte und entsprechende Übungsaufgaben. Diese Aufgabenformate ähneln denen im Kompetenzbereich Lesen.

1. Ankreuzen: Nur eine der möglichen Antworten ist richtig.
2. Antworten schreiben: Die Antworten sollen in ganzen Sätzen geschrieben werden.
3. Ergänze: Fehlende Wörter müssen ergänzt werden.
4. Stimmt oder stimmt nicht: Die richtige Aussage muss angekreuzt werden.
5. Deine Meinung ist gefragt: Hier gibt es nicht richtig oder falsch. Die Kinder sollen sich eine Meinung bilden und diese aufschreiben.

Die Schüler sollen Hörtexte zuhörend verstehen und ihren Inhalt erfassen. Sie lernen, genau aufzupassen und zu verstehen, wie und mit welcher Absicht etwas gesagt wird. Es ist wichtig, dass sich die Kinder auf das Wesentliche konzentrieren und ihre Aufmerksamkeit aktiv steuern. Die Schüler bearbeiten die Übungsaufgaben im Anschluss an das Gehörte.

Alle folgenden Texte sollen nur von der Lehrperson einzusehen sein und nur von dieser vorgelesen werden. Die jeweiligen Übungen sollten in einer ruhigen Umgebung durchgeführt werden. Die Schüler brauchen eine Atmosphäre, in der ein konzentriertes Arbeiten möglich ist.

Folgende Aspekte sollten beim Vortragen eines Textes beachtet werden:

- Beim Vortragen eines Textes sollte auf ein angemessenes Tempo sowie eine angemessene Lautstärke und Betonung geachtet werden.
- Fragen zum Text sollten nicht zwischendurch, sondern erst im Anschluss an den Vortrag geklärt werden.
- Sobald ein Text vorgetragen wurde und alle Fragen geklärt sind, gibt es keine Nachfragen mehr.

Das Übungsmaterial bietet folgende Einsatzmöglichkeiten (die Vorgehensweisen sind nach aufsteigendem Schwierigkeitsgrad aufgelistet):

1. Die Lehrperson liest einen Text einmal vor. Danach erhalten die Schüler die Übungsaufgaben, um diese zu bearbeiten. Anschließend liest die Lehrperson den Text noch einmal vor und die Schüler bekommen daraufhin ca. 3–5 Minuten Zeit, ihre Antworten zu überprüfen.
2. Die Lehrperson liest einen Text insgesamt zweimal vor. Danach erhalten die Schüler die Übungsaufgaben, um diese zu bearbeiten.
3. Die Lehrperson liest einen Text einmal vor. Danach erhalten die Schüler die Übungsaufgaben, um diese zu bearbeiten.

Lieber Diego,

mit diesem Brief schicke ich dir viele Grüße aus Italien. Wir machen hier nun seit zehn Tagen Urlaub und es ist toll. Leider war unsere Fahrt hierher etwas anstrengend. Wie du ja weißt, sind wir mit dem Auto aus Freiburg losgefahren. Wir waren kaum eine Stunde unterwegs, da kam der erste Stau. Und was für einer! Ein Lkw war umgekippt und hatte seine Ladung verloren.
Du wirst nicht glauben, was der geladen hatte: Tausende bunte Flummis!

Die Autobahn war voll davon. Das hat natürlich ewig gedauert, bis da alles wieder aufgeräumt war und wir weiterfahren durften. Lustig sah es aber trotzdem aus. Und zum Glück ist dem Lkw-Fahrer und auch sonst niemandem etwas passiert.

Meine kleine Schwester Armina musste unterwegs natürlich oft auf Toilette und immer hatte jemand Hunger, aber endlich waren wir dann nach ungefähr 12 Stunden Fahrt am Ziel angekommen. Ich fand es zum Glück nicht so schlimm, da ich zwischendurch geschlafen und mir die Zeit mit einem neuen Comic vertrieben habe.

Wir wohnen in einem kleinen Ort am Meer und haben hier eine schöne, große Wohnung. Wir können sogar zu Fuß zum Meer laufen. Manchmal sind wir aber faul und nehmen die Fahrräder. Das sind aber nicht unsere Fahrräder, sondern die gehören zur Wohnung und wir dürfen sie mitbenutzen. Das Meer ist toll und gar nicht kalt. Die meiste Zeit des Tages verbringe ich mit Tauchen. Wusstest du, dass Seesterne richtig groß sein können? Ich habe hier einen beim Tauchen entdeckt, der war ungefähr 20 cm groß und sah super aus. Natürlich habe ich ihn im Wasser gelassen. Der Bademeister hier hat mir erzählt, dass Seesterne keine Augen haben. Stattdessen haben sie Lichtsinneszellen an ihren Armen, mit denen sie Unterschiede in der Helligkeit wahrnehmen können.

Ich habe hier auch zwei Kinder kennengelernt, die in der Wohnung nebenan wohnen. Sie heißen Lara und Jannik und kommen aus Köln. Mit ihnen spielen Armina und ich viel. Heute Abend wollen wir mit ihnen und ihren Eltern grillen. Da es hier so viel frischen Fisch gibt, werden wir wohl Fisch essen. Ich bin gespannt, wie der schmeckt.

Übermorgen fahren wir mal in eine Stadt. Sie heißt Pisa und ist gar nicht weit von unserem Ort entfernt. Lara und Jannik haben erzählt, dass es dort einen schiefen Turm gibt. Der Turm wurde wohl auf weichem Boden gebaut und ist vor vielen Jahren zur Seite abgesackt und daher schief. Einige Ingenieure haben es aber geschafft, dass sich der Turm nun nicht mehr so stark neigt und man darf ihn auch wieder besteigen. Armina ist noch zu jung, man muss mindestens acht Jahre alt sein, um den Turm zu betreten. Mal sehen, ob ich mich traue, dort hochzusteigen. Spätestens nach dem Urlaub werde ich dir berichten und Bilder zeigen.

Wie geht es dir denn? Seid ihr schon nach Spanien geflogen? Ich glaube, nächstes Mal möchte ich auch lieber fliegen.

Ich freue mich, wenn wir uns bald zu Hause wiedersehen. Gehen wir dann wieder zum Räuberwäldchen Fußball spielen?

Bis bald, dein Freund Selim

1	Name: ______________________
	Datum: ______________

1. *Kreuze an.*

Wo wohnt Selim?

☐ Frankfurt
☐ Florenz
☐ Freiburg
☐ Pisa

Wie lange hat die Familie insgesamt nach Italien gebraucht?

☐ 10 Stunden ☐ 11 Stunden ☐ 12 Stunden ☐ 13 Stunden

Wie heißt die Stadt, die sich Selims Familie anschaut?

☐ Florenz
☐ Italien
☐ Freiburg
☐ Pisa

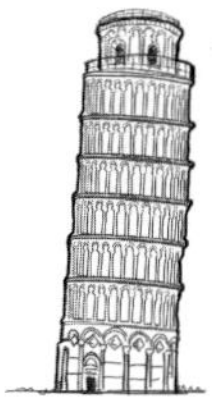

Was entdeckt Selim beim Tauchen?

☐ ein Seepferdchen ☐ einen Schatz
☐ einen Seestern ☐ einen Delfin

2. *Antworte im ganzen Satz.*

In welchem Land machen Selim und seine Familie Urlaub?

____

____

Was macht Selim am liebsten am Meer?

____

____

Was hatte der Lkw geladen, der den großen Stau auf der Hinfahrt verursacht hat?

____

____

2	Name: ______________________________ Datum: ______________

Was machen Selim, seine Familie und die neuen Freunde am Abend?

____

____

Womit hat sich Selim auf der langen Hinfahrt in den Urlaub beschäftigt?

____

____

3. *Ergänze die fehlenden Wörter.*

Selim hat eine ______________________, die Armina heißt.

An einem Abend essen Selims Familie und die neuen Freunde zusammen.
Es gibt ________________ vom Grill.

In der Stadt, die sich Selim und seine Familie anschauen, steht ein ______________ Turm.

Der Turm wurde auf einem Boden erbaut, der zu __________________________ war.

4. *Stimmt oder stimmt nicht?*

	Stimmt!	Stimmt nicht!
Pisa ist eine Stadt in Italien.		
Selim ist mit dem Flugzeug in den Urlaub geflogen.		
Selim schreibt an seine Freundin Carla.		
Selim hat auf der Hinfahrt viel geschlafen.		
Seesterne haben keine Augen.		

5. *Deine Meinung ist gefragt.*

Selim schreibt: „Armina ist noch zu jung, man muss mindestens acht Jahre alt sein."
Wieso muss man wohl acht Jahre oder älter sein, um den Schiefen Turm von Pisa zu besteigen?

____

____

____

„Mit Gute-Nacht-Geschichten fing alles an“

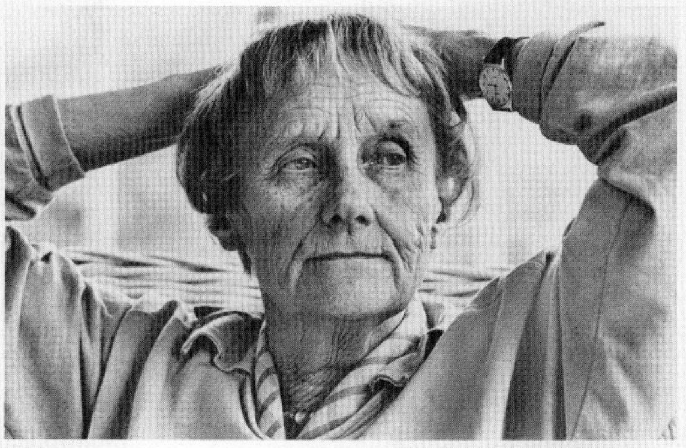

Astrid Lindgren ist eine der bekanntesten Kinderbuchautorinnen der Welt. Sie wurde in einem schwedischen Dorf geboren und starb im Alter von 94 Jahren.

Nach der Schule arbeitete Astrid Lindgren bei einer Zeitung und wurde dort später Sekretärin. Mit dem Kinderbücherschreiben hat Astrid Lindgren etwas später angefangen.

Die wohl bekannteste Figur aus ihren Kinderbüchern ist Pippi Langstrumpf. Den Namen für das freche Mädchen mit den zwei roten Zöpfen hat ihre Tochter Karin erfunden: Sie wollte von ihrer Mutter abends oft Gute-Nacht-Geschichten hören, von einer Pippi Langstrumpf. Astrid Lindgren dachte sich Geschichten aus und fing an, diese Gute-Nacht-Geschichten aufzuschreiben. Wenn man ein Buch veröffentlichen möchte, schickt man normalerweise ein Manuskript an einen Verlag. So machte es auch Astrid Lindgren mit dem Buch über Pippi Langstrumpf. Aber der Verlag war nicht interessiert und fand die Geschichten über das Mädchen mit ihrem Pferd und dem Affen nicht so spannend. Ein anderer Verlag freute sich dafür umso mehr und Astrid Lindgren bekam dort auch einen Job.

In den darauf folgenden Jahren schrieb sie eine Menge erfolgreicher Kinderbücher. Ihre Bücher wurden in mehr als 50 Sprachen übersetzt und sind fast auf der ganzen Welt bekannt. Pippi Langstrumpf wird somit auch von Kindern in China, Australien oder Afrika gelesen. Aber neben Pippi gibt es noch mehr bekannte Helden der Autorin: Michel aus Lönneberga, Ronja Räubertochter, Madita und noch viele mehr. Sie alle begeistern Kinder überall auf der Welt und die Kinder möchten so sein wie diese Helden aus Astrid Lindgrens Romanen.

Viele der tollen Kinderbücher wurden sogar verfilmt.

Astrid Lindgren hat unzählige Preise und Auszeichnungen für ihre Werke bekommen.

Das letzte Buch von Astrid Lindgren heißt „Ronja Räubertochter“. Über das kleine, braunhaarige Räubermädchen gibt es ebenfalls einen tollen Film.

Kinder lagen Astrid Lindgren sehr am Herzen und sie nutzte ihre Bekanntheit, um sich für Kinder einzusetzen. Als sie einmal mit einem großen Preis ausgezeichnet wurde, hielt sie zum Beispiel eine Rede über Gewalt gegen Kinder. Doch nicht nur die Kinderrechte lagen der Schriftstellerin am Herzen, auch für den Tier- und Umweltschutz setzte sie sich ein.

Im Jahr 2002 verstarb Astrid Lindgren. Sie wird durch ihre Bücher niemals in Vergessenheit geraten und jedes Kind immer aufs Neue begeistern.

3	Name: ______________________ Datum: ____________

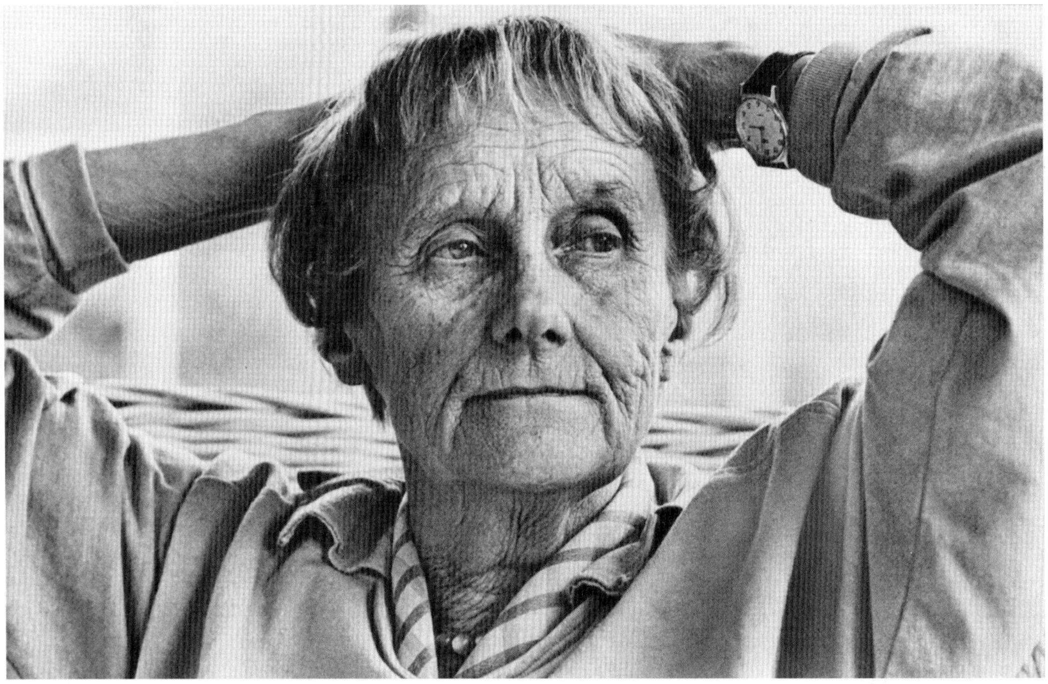

1. *Kreuze an.*

Wie alt wurde Astrid Lindgren?

☐ 93 ☐ 94 ☐ 95 ☐ 96

Wo wurde Astrid Lindgren geboren?

☐ Dänemark ☐ Deutschland ☐ Finnland ☐ Schweden

In wie viele Sprachen wurde Pippi Langstrumpf übersetzt?

☐ mehr als 20
☐ mehr als 50
☐ mehr als 70
☐ mehr als 30

Welches war das letzte Buch, das Astrid Lindgren geschrieben hat?

☐ Ronja Räubertochter
☐ Michel aus Lönneberga
☐ Kinder von Bullerbü
☐ Rasmus der Landstreicher

4	Name: ______________________ Datum: ______________

2. *Antworte im ganzen Satz.*

Wer erfand den Namen „Pippi Langstrumpf“?

____

____

Was machte Astrid Lindgren mit den Gute-Nacht-Geschichten über Pippi Langstrumpf?

____

____

Was passierte, als Astrid Lindgren die Geschichten von Pippi Langstrumpf das erste Mal zu einem Verlag schickte?

____

____

3. *Ergänze die fehlenden Wörter.*

Astrid Lindgren ist eine der bekanntesten ______________________ der Welt.

Astrid Lindgren kommt aus ______________________.

Nach der Schule arbeitete die Autorin bei einer ______________________.

4. *Stimmt oder stimmt nicht?*

	Stimmt!	**Stimmt nicht!**
Ronja Räubertochter wurde nicht verfilmt.		
Astrid Lindgrens Sohn hatte die Idee für Pippi Langstrumpf.		
Pippi Langstrumpf gibt es nur in Europa.		
Astrid Lindgren hat die Geschichten vom Sams geschrieben.		
Ein Verlag lehnte die Geschichten von Pippi Langstrumpf ab.		

5. *Deine Meinung ist gefragt.*

Als Astrid Lindgren mit einem großen Preis ausgezeichnet wurde, hielt sie eine Rede über Gewalt gegen Kinder. Warum bringt es etwas, wenn eine bekannte Person solch eine Rede hält?

____

____

____

Der kleine Wassermann

Als der Wassermann eines Tages nach Hause kam, sagte die Wassermannfrau zu ihm: „Heute musst du ganz leise sein. Wir haben nämlich einen kleinen Jungen bekommen." „Was du nicht sagst!", rief der Wassermann voller Freude. „Einen richtigen kleinen Jungen?" „Ja, einen richtigen kleinen Wassermann", sagte die Frau.

„Aber bitte, zieh dir die Stiefel aus und sei leise, wenn du hineingehst. Ich glaube, er schläft noch." Da zog sich der Wassermann seine gelben Stiefel aus und ging auf den Zehenspitzen ins Haus. Das Haus war aus Schilfhalmen gebaut, es stand tief unten auf dem Grund des Mühlenweihers. Statt mit Mörtel war es mit Schlamm verputzt, denn es war ja ein Wassermannhaus. Aber sonst war es genauso wie andere Häuser auch, nur viel kleiner. Es hatte eine Küche und eine Speisekammer, eine Wohnstube, eine Schlafstube und einen Flur. Die Fußböden waren sauber mit weißem Sand bestreut, vor den Fenstern hingen lustige grüne Vorhänge, die waren aus Algen und Schlingpflanzen gewebt. Und natürlich waren alle Stuben, der Flur und die Küche und auch die Speisekammer voll Wasser. Wie konnte das anders sein, wenn das Haus auf dem Grund des Mühlenweihers stand?

Also, der Wassermann schlich auf den Zehenspitzen über den Flur in die Küche. Aus der Küche schlich er in die Wohnstube, aus der Wohnstube schlich er in die Schlafstube. Als er dann leise, leise ans Bett trat, da sah er in einem Binsenkörbchen den kleinen Wassermannjungen liegen. Der Junge hatte die Augen geschlossen und schlief. Seine Fäustchen lagen rechts und links von dem dicken, roten Gesicht auf dem Kopfkissen. Das sah aus, als hielte sich der kleine Wassermann die Ohren zu.

„Wie gefällt er dir?", fragte die Wassermannfrau. Sie war auch mit hereingekommen und schaute dem Wassermann über die Schulter.

„Ein bisschen klein ist der Junge", sagte der Wassermann. „Aber sonst gefällt er mir eigentlich." Er beugte sich über das Binsenkörbchen und zählte: „Eins, zwei, drei, vier, fünf …"

„Was zählst du denn?", fragte die Wassermannfrau. „Ach, ich zähle bloß, ob er auch alle Finger hat", sagte der Wassermann leise. „Und sieh nur, die strammen Beinchen! Wenn er größer wird, soll er ein Paar schöne gelbe Stiefel bekommen und eine schilfgrüne Jacke und braune Hosen und eine knallrote Zipfelmütze! – Am besten gefallen mir seine Haare. Du weißt ja, ich habe mir immer so einen kleinen Jungen mit grünen Haaren gewünscht!" „Du, sei vorsichtig!", mahnte die Wassermannfrau. „Was machst du denn jetzt wieder?" „Lass mich nur", sagte der Wassermann. „Ich muss nachsehen, ob er auch Schwimmhäute zwischen den Fingerchen hat. Das ist wichtig für einen Wassermannjungen." Und der Wassermann wollte dem Jungen das eine Fäustchen öffnen. Aber da wachte der kleine Wassermann auf und rieb sich die Augen. „Du, schau!", rief der Wassermannvater auf einmal ganz laut. „Siehst du das? Siehst du es auch?" „Also hat er wohl doch Schwimmhäute zwischen den Fingerchen?", lachte die Mutter.

„Das auch, das auch!", rief der Wassermann fröhlich. „Aber jetzt weiß ich sogar, was für Augen er hat! Sie sind grün, sie sind grün, es sind richtige Wassermannaugen!" Und der Wassermannvater hob seinen kleinen Wassermann aus dem Binsenkörbchen und hielt ihn hoch über seinen Kopf. Und dann tanzte er mit ihm in der Stube herum, dass die Schilfwände wackelten und der weiße Fußboden nur so wirbelte. Dabei sang er in einem fort: „Wir haben einen kleinen Wassermann! Wir haben einen kleinen Wassermann!"

Otfried Preußler „Der kleine Wassermann"

5	Name: ____________________ Datum: __________

1. *Kreuze an.*

Wo lebt die Familie des kleinen Wassermanns?

- ☐ Sie lebte auf dem Grund des Mühlenweihers.
- ☐ Sie lebte auf dem Grund des Reihenweihers.
- ☐ Sie lebte auf dem Grund des Zuckerweihers.
- ☐ Sie lebte auf dem Grund des Mörtelweihers.

Was hat das Haus der Familie Wassermann nicht?

- ☐ Es hat keine Küche.
- ☐ Es hat keine Schlafstube.
- ☐ Es hat keine Wohnstube.
- ☐ Es hat keinen Keller.

Welche Farbe sollen die Stiefel des kleinen Wassermanns haben?

- ☐ Sie sollen orange sein.
- ☐ Sie sollen rot sein.
- ☐ Sie sollen gelb sein.
- ☐ Sie sollen blau sein.

Welche Haarfarbe hat der kleine Wassermann?

- ☐ Die Haare sind rot.
- ☐ Die Haare sind grün.
- ☐ Die Haare sind blau.
- ☐ Die Haare sind schwarz.

2. *Antworte im ganzen Satz!*

Was hat der kleine Wassermann zwischen seinen Fingern?

____

____

Was zählt der Vater, als er seinen Sohn das erste Mal sieht?

____

____

Welche Augenfarbe hat der kleine Wassermann?

____

____

6

Name: ______________________________

Datum: ____________________

Was ruft der Papa Wassermann voller Freude am Ende der Geschichte?

____

____

3. *Ergänze die fehlenden Wörter.*

Die Fußböden des Hauses waren sauber mit weißem ______________ bestreut.
Der Wassermann schlich auf Zehenspitzen in die Schlafstube und schaute in das ______________________________________,
in dem der kleine Wassermann lag.
Wenn der kleine Wassermann größer wird, soll er ein Paar schöne gelbe ____________________ bekommen und eine schilfgrüne ______________ und braune ______________ und eine knallrote Zipfelmütze!

4. *Stimmt oder stimmt nicht?*

	Stimmt!	**Stimmt nicht!**
Der Wassermann und die Wassermannfrau bekommen ein Mädchen.		
Der kleine Wassermann hat fünf Finger an jeder Hand.		
Der kleine Wassermann liegt in einem Binsenkörbchen.		
Das Haus der Familie ist zwar kleiner, sieht aber aus wie ein normales Haus.		
Der Wassermann findet seinen Sohn sehr groß.		

5. *Das weißt du bestimmt:*

In der Geschichte heißt es: „Und natürlich waren alle Stuben, der Flur und die Küche und auch die Speisekammer voll Wasser." Wieso ist das ganze Haus voller Wasser?

____

____

____

Igel Max auf Reisen

Es war einmal ein Igel und der hieß Max. Er wohnte auf einem Spielplatz. Dort aß er immer Gras, Regenwürmer oder Käfer. Doch eines Tages wollte er mal etwas anderes essen. Zufällig wurde an diesem Tag ein großer Kindergeburtstag auf dem Spielplatz gefeiert und ein paar Kinder vergaßen ihre Luftballons auf der Bank. Da lief der kleine Igel Max blitzschnell zu der Bank und stibitzte vier Ballons: eine blauen, einen gelben, einen grünen und einen roten Ballon.

Er nahm zunächst den blauen Luftballon und pustete ihn auf. Der Ballon wurde immer größer und größer. Langsam hob Max vom Boden ab und seine Reise begann.

Er flog höher, vorbei an den Hochhäusern seiner Stadt und schließlich überholte er sogar eine Taube. Diese traute ihren Augen nicht: „Ein Igel, der fliegen kann, das habe ich ja noch nie gesehen."

Max flog weiter. Bis er schließlich in einem fremden Garten landete.

Dort kam ein kleines Mädchen auf ihn zugestürmt. „Incredibile! Un Riccio!", hörte Max das Mädchen sagen. Max, der sich aus Angst etwas zusammengerollt hatte, merkte, dass keine Gefahr drohte und schaute das Mädchen an. Er war ganz offensichtlich bis nach Italien geflogen, denn dieses Mädchen sprach italienisch. Es stellte sich heraus, dass sie Viola hieß, ein lustiges und fröhliches Mädchen aus Italien. Max hatte von seinem Flug ordentlich Hunger bekommen und freute sich sehr über Violas Einladung, zum Essen zu bleiben. Es gab leckere Nudeln und für jeden ein Stück Pizza. Gestärkt und voller Neugier auf einen weiteren Flug bedankte Max sich bei seiner neuen Freundin und verabschiedete sich mit einem freundlichen „Ciao!" Da der blaue Ballon nicht mehr genug Luft hatte, nahm sich Max den nächsten – den gelben – Luftballon, pustete ihn auf und flog davon.

Max flog los. Er flog immer höher, er schaute noch einmal nach unten und winkte seiner neuen Freundin zum Abschied. Schließlich überholte er sogar einen Spatzen. Dieser traute seinen Augen nicht: „Ein Igel, der fliegen kann, das habe ich ja noch nie gesehen."

Max flog weiter und weiter. Bis er schließlich auf einem Balkon landete.

Ein Junge kam auf ihn zugelaufen. „Incroyable! Un hérisson!", hörte Max den Jungen sagen. Max war wohl in Frankreich gelandet. Der Junge namens Noah nahm Max sofort mit in die Wohnung und zeigte ihm sein Zimmer, stellte ihn seinen Eltern vor und erzählte von seinem Leben. Wieder merkte Max, dass er nach dem Flug Hunger hatte. Da passte es gerade recht, dass Noah ihm anbot mitzuessen. Es gab ein sehr leckeres Baguette mit Camembert. Es wurde spät und Noah schaute auf die Uhr. „Ich muss los, ich verpasse mein Fußballtraining", rief er. Auch für Max wurde es Zeit. Er nahm den nächsten – den grünen – Luftballon und pustete ihn auf. Er winkte Noah noch zu und rief zum Abschied: „Au revoir!".

Max flog los. Er flog immer höher, er schaute noch einmal nach unten und sah, wie sich sein neuer Freund aufs Fahrrad schwang. Schließlich überholte Max sogar eine Elster. Diese traute ihren Augen nicht: „Ein Igel, der fliegen kann, das habe ich ja noch nie gesehen."

Max flog weiter. Bis er schließlich in einem tollen, blumenreichen Park landete.

Ein anderer Igel kam aus dem Gebüsch gelaufen. „Ongelooflijk! Een andere egel!", hörte Max ihn sagen. Wo war er denn jetzt gelandet? Der Igel hieß Finn und erzählte Max, dass er nun in den Niederlanden angekommen sei. Finn wollte natürlich alles von Max' Reise wissen und wie es war, so weit oben in der Luft zu schweben. „Die Idee mit den Luftballons merke ich mir", lachte Finn. Max merkte, dass er müde wurde und langsam wieder nach Hause fliegen wollte. Doch nicht ohne eine kleine Stärkung. „Die Minipfannekuchen hier musst du probieren, die heißen bei uns Poffertjes", sagte Finn. Das ließ sich Max nicht zweimal sagen und verschlang drei Minipfannekuchen direkt hintereinander. Er bedankte sich bei Finn, nahm seinen letzten – den roten – Luftballon und pustete ihn auf. Max winkte Finn ein letztes Mal zu und rief „Doei!"

Er flog los, immer höher und beobachtete, wie sein neuer Freund wieder ins Gebüsch kroch. Schließlich überholte Max sogar eine Amsel. Diese traute ihren Augen nicht: „Ein Igel, der fliegen kann, das habe ich ja noch nie gesehen."

Max war müde geworden. Er freute sich nun auf sein Zuhause. Schon von weit oben konnte er seinen Spielplatz entdecken. Er landete sicher auf der Rutsche, rutschte hinunter direkt bis vor den Eingang seiner kleinen Höhle. Todmüde krabbelte er hinein und fiel direkt auf sein Laubbett. In dieser Nacht träumte er von Italien, Frankreich, den Niederlanden und all seinen neuen Freunden. Was für ein Abenteuer!

7	Name: ______________________ Datum: ______________	

1. *Kreuze an.*

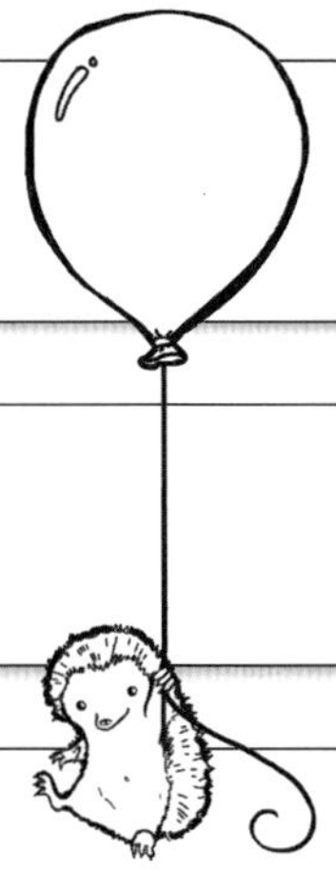

Welche Farbe ist nicht bei Max' Luftballons dabei?

☐ blau ☐ rot ☐ lila ☐ gelb

Wie heißt der Junge, den Max in Frankreich kennenlernt?

☐ Felix ☐ Finn ☐ Nils ☐ Noah

Welches Tier trifft Max im Park?

☐ einen Hund ☐ eine Katze ☐ einen Igel ☐ eine Maus

Was gibt es in Italien bei Viola zu essen?

☐ Nudeln ☐ Baguette ☐ Reis ☐ Kartoffeln

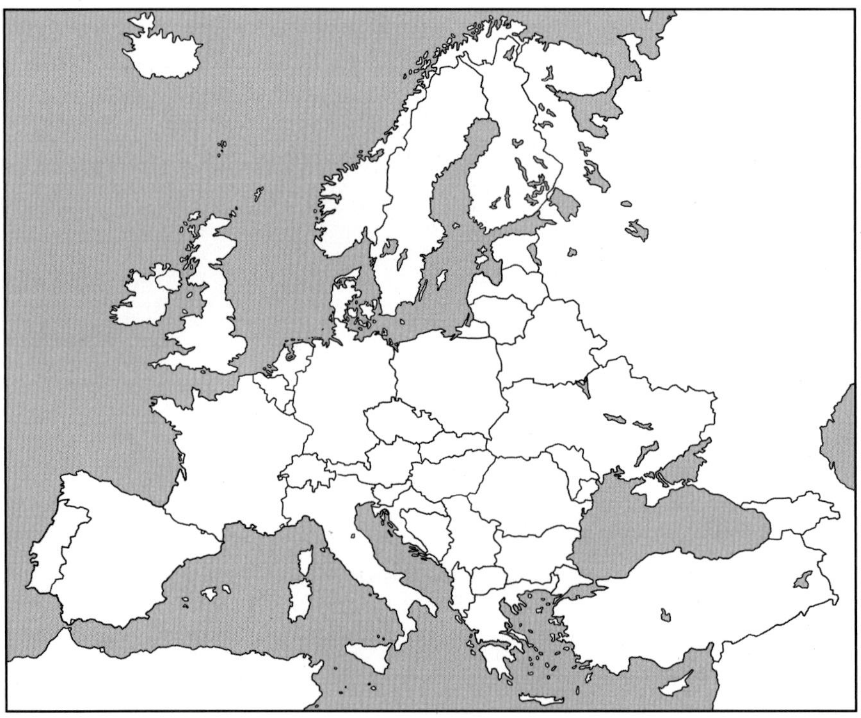

2. *Antworte im ganzen Satz!*

Wie viele Länder besucht Max?

____

____

8	**Name:** ______________________ **Datum:** ____________

Wem gehören die Luftballons, die Max sich stibitzt?

Was gibt es in Frankeich bei Noah und seiner Familie zu essen?

Wo wohnt Max normalerweise?

Welches Land bereist Max zuerst?

Wieso nimmt sich Max die Ballons?

3. *Stimmt oder stimmt nicht?*

	Stimmt!	**Stimmt nicht!**
Max bekommt die Luftballons geschenkt.		
Max wohnt in einem Park.		
Das Mädchen in Italien heiβt Viola.		
In den Niederlanden isst Max Minipfannekuchen.		
Noah aus Frankreich muss schnell zum Klavierunterricht.		

4. *Erinnerst du dich ...*

... an irgendwelche Wörter auf Italienisch, Französisch oder Niederländisch?

a) Anmerkungen für die Lehrperson

Die Schüleranweisungen zum Bild „Igel Max auf Reisen“ sind nur von der Lehrperson einzusehen und auch nur von dieser vorzutragen. Diese Übung sollte in einer ruhigen Umgebung durchgeführt werden, in der eine konzentrierte Arbeitsatmosphäre geschaffen werden kann.

Das Übungsmaterial kann folgendermaßen eingesetzt werden:

1. Jedem Schüler wird das Bild vorgelegt.
   Nun liest die Lehrperson immer eine Anweisung vor, die direkt im Anschluss von den Schülern im Bild umgesetzt werden soll.
   Für jede Anweisung sollten die Schüler ca. 30 Sekunden Zeit bekommen.
2. Jedem Schüler wird das Bild vorgelegt.
   Den Schülern werden alle Anweisungen zweimal der Reihe nach vorgelesen.
   Anschließend setzen die Schüler das Gehörte in dem ihnen vorliegenden Bild um.
3. Die Lehrperson liest – je nach Bedarf – mehrmals die Anweisungen der Reihe nach vor.
   Daraufhin bekommt jeder Schüler das Bild und soll das Gehörte auf der Zeichnung (Vorlage) umsetzen.
   Die Vorgehensweisen sind nach aufsteigenden Schwierigkeitsgraden aufgezeigt.

b) Intentionen dieser Übung

Geschult werden bei dieser Art der Übung vornehmlich das genaue Zuhören sowie die räumliche Wahrnehmung und Orientierung auf einer Bildvorlage. Es geht insbesondere darum,

- dass die Schüler gut zuhören,
- sich akustisch wahrgenommene Dinge zu merken und
- das Gemerkte umsetzen.

c) Vorzulesende Schüleranweisungen zum Lies-Mal-Bild „Igel Max auf Reisen“

1. Es ist ein herrlicher Tag und am Himmel scheint die gelbe Sonne warm auf den Spielplatz hinab.
2. In der rechten Ecke oben am Himmel fliegt ein schwarzer Vogel hoch durch die Luft.
3. Die Kinder feiern Geburtstag und das Geburtstagskind Alba trägt ein blaues T-Shirt mit einer 9 drauf.
4. Auf der Rutsche stehen zwei Kinder: Carla und Julius. Carla trägt ein rotes T-Shirt und Julius eine grüne Hose.
5. Der braune Igel Max beobachtet das Treiben.
6. Auf der Bank liegen viele unaufgeblasene Luftballons. Sie leuchten in bunten Farben.
7. Neben der Bank liegen drei Geschenke, die Alba bekommen hat.
8. Schreibe deinen Namen auf das Klettergerüst.
9. Der Junge neben der Rutsche trägt ein gelbes T-Shirt mit einem Stern darauf.
10. Im Hintergrund steht ein großer Apfelbaum an dem fünf saftige, rote und fünf leckere, grüne Äpfel hängen.

9	**Name:** ______ **Datum:** ______	

5. *Hör genau hin, was dir gleich über das Bild erzählt wird. Du brauchst einen Bleistift und deine Buntstifte.*

Kompetenzbereich Orthografie

Das dritte Kapitel beschäftigt sich mit dem Kompetenzbereich Orthografie.

Rechtschreibung ist in der Grundschule weiterhin ein stark diskutiertes Thema.

Besonders ab Klasse 2/3 wird der Fokus hierauf gerichtet.

Anders als in den anderen Kapiteln finden Sie auf den folgenden Seiten viele Übungsaufgaben ohne Lesetexte.

Zu den Themen gehören:

- Mitlautverdopplung
- Langer und kurzer Selbstlaut
- Endungen und Ableitungen
- Satzarten
- Alphabet
- Wortarten
- Richtig schreiben
- Fehlersätze

Auch in diesem Kapitel finden Sie für Ihre Schüler verschiedene Übungsaufgaben:

1. Ankreuzen: Nur eine der möglichen Antworten ist richtig.
2. Ergänzen: Fehlende Wörter müssen – teilweise in Tabellen – ergänzt werden.
3. Begründen: Es muss begründet werden, wieso ein Wort wie geschrieben wird.
4. Durchstreichen: Das falsche Wort muss durchgestrichen werden.
5. Verbinden: Was gehört zusammen?
6. Markieren: Wörter bzw. Buchstaben müssen markiert werden.
7. Nummerieren: Wörter werden der Reihe nach nummeriert.
8. Zuhören und ergänzen: Fehlende Wörter werden vorgelesen und müssen entsprechend ergänzt werden. (Sie finden die fehlenden Wörter im Zusatzmaterial, in den Lösungen.)

1

Name: ____________________

Datum: ____________________

1. *Welche doppelten Mitlaute gibt es? Kreuze an.*

☐ tt	☐ mm	☐ ff
☐ pp	☐ nn	☐ aa
☐ zz	☐ ll	☐ ss

2. *Finde die passenden Wörter und setze diese ein.*

Tim braucht eine ______________, damit er besser lesen kann.
Grille oder *Brille*
Im Gras sitzt die ______________ und zirpt ein Lied.

Die Bären im Zoo ______________ leise vor sich hin.
summen oder *brummen*
Die Bienen ______________ beim Fliegen.

Eltern trinken ihren Kaffee aus einer ______________.
Klasse oder *Tasse*
Zurzeit gehe ich in die dritte ______________.

Ich teile mir mit meinem Bruder ein ______________.
Zimmer oder *immer*
Ich gehe ______________ gerne in die Schule.

Beim Fußball habe ich die ______________ 24.
Kummer oder *Nummer*
Wenn man traurig ist, hat man ______________.

Bei Menschen heißt es ______________,
essen oder *fressen*
Bei Tieren sagt man ______________.

Um die Schublade zu öffnen, ziehe ich an dem ______________.
Griff oder *Schiff*
Auf dem Rhein fährt ein ______________.

Lotte spielt sehr gerne mit ihren ______________.
Puppen oder *Schuppen*
Fische haben ______________ auf der Haut.

2 | **Name:** ______________________
Datum: ______________

3. *Mitlautverdopplungen*

Hier hat sich immer ein Wort eingeschlichen. Finde die Wörter, die nicht passen, und streiche sie durch.

Mutter, Butter, Hütte, ~~raten~~, Bett 

Suppe, Pappe, Lupe, Kappe, schnappen 

malen, Keller, toll, Brille, Teller, hell 

Schiff, Löffel, Affe, Hefe, Kaffee, Waffe 

schwimmen, Oma, Himmel, Zimmer, Kamm 

Sonntag, Mond, Mann, Tanne, Badewanne 

4. *Bilde die Mehrzahl der folgenden Wörter und trage sie in die Tabelle ein. Achte genau auf die Verlängerung.*

das Zeugnis, das Ereignis, das Hindernis, das Bedürfnis, das Ergebnis, das Vermächtnis

Einzahl	**Mehrzahl**
das Erlebnis	die Erlebnisse

3	Name: ______________________________
	Datum: ______________

5. Was gehört zusammen? Verbinde das Verb mit dem Nomen.

hämmern	die Trommel
kämmen	der Kummer
schwimmen	die Bestimmung
bestimmen	der Schwimmer
kümmern	die Nummer
nummerieren	der Kamm
trommeln	der Hammer

6. Löse die Rätsel und setze die gesuchten Wörter ein.

Ein lustiges Tier im Zoo schwingt sich von Ast zu Ast:
Es ist der ______________________.

Womit isst du deinen Joghurt?

Selbstverständlich tust du das mit einem ______________________.

Damit waschen wir unseren Körper. Man kann es auch trinken.
Natürlich! Gemeint ist das ______________________.

Sie sieht einer Maus ähnlich und lebt in der Kanalisation.
Es ist eine ______________________.

Du nimmst ihn mit in den Urlaub. In ihn packst du deine Anziehsachen.
Es ist ein ______________________.

Er ist hat viele Zinken und man benutzt ihn für die Haare
Es ist ein ______________________.

Weihnachten stellen sie viele ins Wohnzimmer und schmücken sie mit Kugeln.
Gesucht wird die ______________________.

4	Name: ____________________ Datum: ____________

1. *Lies dir die Wörter durch.*
Markiere beim ersten Vokal (Selbstlaut), ob er lang oder kurz gesprochen wird.
Zeichne für den kurzen Vokal einen Punkt, für den langen Vokal einen Strich.

Beispiel: Watte (•) Hase (—) 

Messer	Ball	Dame	Blatt
Wasser	Schule	Rabe	fahren
bellen	wissen	Schloss	Puppe
Montag	schwimmen	Himmel	lesen

2. *Lies dir die Wörter genau durch und überlege, ob der Vokal kurz oder lang ist.*
Setze ein!

t oder tt? 

die Wa___e	ra___en	die Ra___e	die Ta___
die Wu___	der Mu___	die Ma___e	die Mu___er

s oder ss? 

der Ku___	das Ki___en	die Wie___e	das Me___er
mü___en	das E___en	die Mu___ik	der Se___el

l oder ll? 

die Ro___schuhe	das Fe___	der Ju___i	der Mü___
der Ba___	fa___en	der Stuh___	schne___

5	Name: ______________________
	Datum: ______________

1. *Endungen und Ableitungen*

Um zu wissen, wie Wörter geschrieben werden, gibt es tolle Tricks.
Begründe, warum das Wort „Häuser“ mit äu und nicht mit eu geschrieben wird.

____

____

____

Warum wird das Wort „lustig“ mit g und nicht mit k geschrieben?

____

____

____

Wie findest du einfach heraus, ob ein Wort am Ende mit g/k oder d/t oder b/p geschrieben wird?

____

____

____

Das Wort „die Burg“ wird am Ende mit g geschrieben.
Woher weißt du das? Kannst du eine Regel dafür aufschreiben.

____

____

____

2. *Welchen Buchstaben hörst du am Ende des Wortes.*
Trage den fehlenden Buchstaben ein.

g oder k

der Dan____
der Ta____
der Zwer____
der Ber____
billi____
der Schran____
klu____
der Köni____
fleißi____

b oder p

der Stau____
der Sta____
der Urlau____
lie____
der Lum____
das Kal____
das Sie____
das Gra____
der Kor____

d oder t

der Mona____
der Mon____
die Wan____
der Win____
spannen____
die Han____
das Bro____
gesun____
frem____
das Ra____

6	Name: ____________________ Datum: ____________

1. *Sicher kennst du die drei Satzarten. Wie heißen sie? Trage ein.*

Hinter einem ______________________ steht ein .

Hinter einem ______________________ steht ein ?

Hinter einem ______________________ steht ein !

2. *In den folgenden Sätzen fehlen die Satzzeichen. Trage sie ein.*

Ich spiele sehr gerne Fußball____ 

Viel Erfolg____

Hast du auch so einen Hunger____

Oh____ Ich habe meinen Schlüssel vergessen und mich ausgesperrt____

Warum hast du gestern nicht mehr angerufen____ 

Mach bitte die Tür hinter dir zu____

Mein Papa geht gerade neue Getränke kaufen____

Hast du Lust, heute zum Spielen vorbeizukommen____

Mein Lieblingsgetränk ist Kakao____ 

Achtung____

7	Name: ______________________
	Datum: ______________

1. *Das Alphabet.*

Sortiere die folgenden Wörter nach dem Alphabet und nummeriere sie in der richtigen Reihenfolge:

☐	Ofen	☐	Dose	☐	Zelt	☐	Mauer	☐	Löffel
☐	Tinte	1	Amsel	☐	Dachs	☐	Kind	☐	Baum

Sortiere folgende Wörter nach dem Alphabet und nummeriere sie in der richtigen Reihenfolge:

☐	Bild	1	Ball
☐	Banane	☐	Brille
☐	Biber	☐	Batterie
☐	Boot	☐	Bleistift

☐	Frankreich	☐	Fest
☐	Fisch	☐	Ferien
☐	Faultier	☐	Frau
☐	Futter	☐	Familie

☐	Nilpferd	☐	Note
☐	Nashorn	☐	Nuss
☐	Nabel	☐	Nacht
☐	Nest	☐	Netz

☐	Gans	☐	Gott
☐	Glühbirne	☐	Gemüse
☐	Gürtel	☐	Garten
☐	Gulli	☐	Gabel

2. *Sortiere die Wörter in den Sätzen nach dem Alphabet.*

Beispiel: Gestern war ich mit meiner kleinen Cousine im Kino.
Cousine, Gestern, ich, im, Kino, kleinen, meiner, mit, war

Am Wochenende machen wir einen Ausflug an den See.

____

____

Wieso können Pinguine eigentlich nicht fliegen?

____

____

In der Schule spiele ich in der Pause gerne Fußball mit meinen Freunden.

____

____

Zum Geburtstag wünsche ich mir ein neues Fahrrad.

____

____

8 **Name:** ____________________

Datum: ____________________

*1. Diese drei Wortarten kennst du sicher gut: Verben, Adjektive, Nomen.
Doch zu welchen Wörtern gehören sie? Trage ein.*

gelb, lustig, glücklich sind: ____________________

Bär, Schule, Stift sind: ____________________

rennen, lachen, spielen sind: ____________________

*2. Schreibe folgende Wörter nach Wortarten sortiert auf.
Achte dabei auf die richtige Schreibweise!*

SAUER LAUFEN BUCH WEINEN LAUT

BLATT WITZIG FREUND ROT KATZE TIPPEN

LANG FUßBODEN SCHRAUBENZIEHER WERFEN

FAHREN LECKER SPITZ ANSPITZER ANSPITZEN

Nomen: ____________________

____

Adjektive: ____________________

____

Verben: ____________________

____

9	Name: ______________________________ Datum: ________________

1. Höre genau hin!
Du bekommst nun ein paar Sätze vorgelesen.
Hier fehlt in jedem Satz ein Wort.
Schreibe dieses Wort richtig auf die Linie.

- Anna und Felix sind seit dem Kindergarten ________________.
- Im Spielwarenladen kostet der bunte Flummi zwei ________________.
- Fußballspielen gefällt vielen Kindern sehr ________________.
- Man sollte zu jedem Menschen ________________ sein.
- Clowns im Zirkus sind oft ________________.
- Wenn jemand niest, wünscht man ihm ________________.
- In der Suppe fehlen noch leckere ________________.
- Mika liest morgens gerne ________________.
- Die Prinzessin wohnt in einer ________________.
- Marie und Ahmet fahren gerne in den ________________.
- Es gibt viele Märchen über einen Zwerg, der im ________________ wohnt.
- September ist ein Monat, Montag ist ein ________________.
- Wenn ich in der Schule etwas sagen möchte, hebe ich meine ________________.
- Deutschland, Spanien und viele mehr sind Länder in ________________.

2. Lies dir die folgenden Sätze in Ruhe durch.
Streiche das falsch geschriebene Wort in jeder Zeile durch.

Mein Tag

Morgens **schlafe/schlaffe** ich immer bis 7 Uhr.
Dan/Dann klingelt mein Wecker.
Ich gehe ins **Badezimer/Badezimmer**, putze meine Zähne und wasche mich.
Nach dem Frühstück gehe ich in **Schule/Schulle**.
Dort **trefe/treffe** ich meine Klassenkameraden.
Am liebsten spiele ich in der Pause mit meinen **Freunden/Fräunden**.
Wir **renen/rennen** auf dem Schulhof und spielen Fußball.
Nach dem Unterricht **darf/darff** ich alleine nach Hause gehen.
Am besten ist es, wenn wir keine Hausaufgaben **aufbekommen/aufbekomen**.
Dann habe ich **genuk/genug** Zeit, um draußen zu spielen.
Meistens **soll/sol** ich gegen 18 Uhr zu Hause ein.
Es **gipt/gibt** Abendessen und ich gehe ins Bett.
Was für ein schöner **Tag/Tak**.

10	**Name:** ______________________________ **Datum:** ________________	

1. *Fehlersätze*

Lies dir die nächsten Sätze in Ruhe durch.
In jeder Zeile haben sich zwei Fehler eingeschlichen.
Streiche die falschen Wörter durch und schreibe die Sätze verbessert auf die Linien.

Es isst Dezember und der Winter macht sich bemergbar.

____

____

Draußen wirt es kalt und Ayla merkt die ersten Schneeflokken auf ihrem Gesicht.

____

____

Sie hat wirglich lange keinen Schnee gesehen unt freut sich so sehr.

____

____

Ayla rent nach Hause, um schnel ihre Schulsachen wegzubringen.

____

____

Si zieht sich ihre Schneehose an und flitzt diregt wieder nach draußen.

____

____

Dord wartet auch schon Moritz, der mit ihr zusamen einen großen Schneemann baut.

____

____

Ayla und Moritz spiellen im Schnee und gehen erst am späten Abent wieder nach Hause.

____

____

11 **Name:** ______________________________

Datum: ______________

2. Fehlersätze

Lies dir die nächsten Sätze in Ruhe durch.
In jeder Zeile haben sich zwei Fehler eingeschlichen.
Streiche die falschen Wörter durch und schreibe die Sätze verbessert auf die Linien.

Das Wochenende isst vorbei und Tina ist ein bisschen traurik.

Jetzt dauerd es wieder zwei Wochen, biss sie ihren Papa wiedersieht.

Vor einem halben Jar haben sich ihre Eltern getrent.

Tina wohnt mit irer Schwester bei ihrer Mamma.

Ihren Pappa sieht sie nur zweimal im Monat, da er weit wek wohnt.

Diese Zeit geniesen die drei dafür dan umso mehr.

Wen Tina älter ist, möchte sie ihren Papa ganz offt mit einem eigenen Auto besuchen.

Kompetenzbereich Sprache und Sprachgebrauch untersuchen

In dem folgenden Kapitel, welches sich mit dem VERA-Thema „Sprache und Sprachgebrauch untersuchen“ beschäftigt, finden Sie viele verschiedene Aufgabenformate, die den Kindern oft noch unbekannt sind.

Es gibt in diesem Kapitel vier verschiedene kurze Texte (ein Gedicht, zwei Sachtexte, einen Zungenbrecher). Anhand der Texte wurden Aufgaben konzipiert, die sich mit der Untersuchung der Sprache beschäftigen. Die Aufgaben nehmen immer Bezug auf den vorangegangenen Text.

Zu den Aufgabenformaten gehört:

1. Unterstreichen: Gesuchte Wörter müssen unterstrichen werden.
2. Einkreisen: Gesuchte Wörter müssen eingekreist werden.
3. Ergänzen: Wörter müssen ergänzt werden.
4. Ankreuzen: Nur eine der Antworten ist richtig.
5. Tabelle vervollständigen: Gesuchte Wörter werden in eine Tabelle eingetragen.

Bei einigen Aufgaben wird nach Wortarten gefragt, die Ihren Schülern eventuell unter anderen Namen bekannt sind:

- Nomen: Substantive, Namenwörter oder Hauptwörter
- Adjektive: Wiewörter oder Eigenschaftswörter
- Verben: Tunwörter oder Tuwörter
- Artikel: Begleiter
- Singular: Einzahl
- Plural: Mehrzahl

1	Name: ______________________________ Datum: ______________

1. *Lies den Text.*

Hurra – der Zirkus ist da!

Dort steht es auf dem bunten Blatt,
der große Zirkus ist heut in der Stadt.
Die Kinder können nicht mehr warten,
der Zirkus soll jetzt endlich starten!

Der Direktor mit Zylinder
begrüßt zuerst die vielen Kinder.

Auch der Clown schickt viele Grüße,
stolpert über seine Füße.

Auf einmal gibt's nen lauten Knall.
Der Clown, er tanzte auf dem Ball,
doch der war wackelig, ach du Schreck!
Und jetzt sitzt der Clown im Dreck.

Es sorgt für Toben und für Lachen,
was die Akrobaten machen.
Springen sportlich hin und her,
als ob das gar nicht schwierig wär.

Vielen Dank ihr lieben Leute!
Das war unsere Show für heute.
Das ist die bunte Zirkuswelt,
die allen Menschen so gefällt.

2. *In dem folgenden Kasten findest du einige Wörter. Kreise alle Adjektive ein.*

laut	wackelig	Zirkus	sportlich	bunt	Knall

3. *Vervollständige die Sätze, indem du die Adjektive (unterstrichen) steigerst.*

- Der eine Clown ist schon sehr lustig.
  Der nächste Clown auf dem Ball ist sogar noch ______________________.
- Die Seiltänzer sind sehr sportlich.
  Die Akrobaten sind noch ______________________.
- Lisa schaut sich alles genau an. Sie findet die Show mit den zwei Clowns gut.
  Die Akrobaten findet sie sogar noch ______________________.
- Der Reiter trägt einen großen Hut.
  Der Zylinder des Zirkusdirektors ist noch ______________________.
- Allen Kindern hat es gut gefallen und sie rufen laut Hurra. Als sich alle Zirkusartisten noch einmal verbeugen, rufen sie noch ______________________.

2	Name: ____________________ Datum: ____________	

4. *Bilde aus den folgenden Adjektiven Nomen. Schreibe sie mit Artikel auf.*

groß	die Größe
hungrig	
warm	
kurz	
müde	
sportlich	

5. *Finde die Gegenteile der Adjektive. Trage sie in die Tabelle ein.*

lustig	
dick	
sportlich	
warm	
satt	
hell	
klein	

6. *In dem Gedicht „Hurra – der Zirkus ist da" findest du viele Reimwörter. Was reimt sich auf das Wort „Hurra"? Kreise ein.*

sogar   klar   Jahr   war   dort   ja

7. *In dem Gedicht reimen sich am Ende die beiden Wörter „Zirkuswelt" und „gefällt". Was reimt sich noch auf diese Wörter? Kreise ein.*

schellt   Zelt   hält   krallt   Feld   Geld

3	**Name:** ______________________ **Datum:** ____________

8. *Findest du eigene Reimwörter? Was reimt sich auf „lachen“?*

____

____

9. *In dem Gedicht gibt es viele Verben.*
Verändere die Verben in die passende Form.

wir können	→ es	____________
wir stehen	→ du	____________
wir starten	→ ich	____________
wir begrüßen	→ ihr	____________
wir springen	→ er	____________
wir wackeln	→ du	____________
wir tanzen	→ alle	____________

10. *Schreibe die Verben in die richtige Form.*

Alle Kinder ____________ (sein) aufgeregt.

Der Zirkus ____________ (kommen) in die Stadt.

Neben Clowns und Seiltänzern ____________ (geben) es besonders viele Akrobaten, die sich durch die Luft ____________ (schwingen).

Die Eintrittskarte ____________ (kosten) 3 € pro Kind.

Dafür ____________ (bekommen) alle Zuschauer eine Menge geboten.

Am meisten Applaus ____________ (erhalten) der Clown Claus, der über seine Füße ____________ (fallen), den anderen Clowns auf die roten Nasen ____________ (drücken) und das Publikum mit einer großen Wasserpistole ____________ (vollspritzen).

4	Name: ______________________ Datum: ______________

11. Markiere alle Nomen gelb, die du in der folgenden Stelle des Gedichts findest:

Der Direktor mit Zylinder
begrüßt zuerst die vielen Kinder.
Auch der Clown schickt viele Grüße,
stolpert über seine Füße.

12. Hast du alle sechs Nomen gefunden? Dann trage sie in die Tabelle ein und bilde die Mehrzahl. Vergiss nicht, alle Nomen mit Artikel aufzuschreiben.

Einzahl	Mehrzahl
der Direktor	

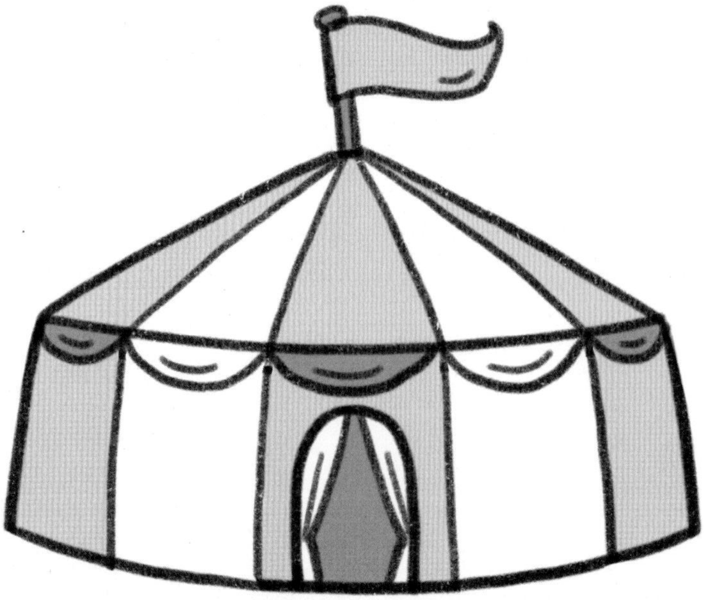

5	Name: ______________________ Datum: ______________

1. Lies den Text.

Der Eisbär

Der Eisbär stammt von dem Braunbären ab und ist das größte Raubtier, das auf dem Land lebt. Es gibt Eisbären nur in der Arktis.

Der Eisbär wird auch Polarbär genannt. Es gibt ihn schon seit vielen hunderttausend Jahren. Ein ausgewachsener Eisbär wird über zweieinhalb Meter lang. Wenn er sich aufrichtet, ist er viel größer als erwachsene Menschen.

Auf der Suche nach Beute können Eisbären weite Strecken laufen. Sie sind zudem sehr gute Schwimmer und schaffen ohne Probleme 50 Kilometer ohne Pause. Ihr Fell ist dicht und lässt das Wasser nicht eindringen. Zudem sorgt eine sehr dicke Fettschicht dafür, dass ein Eisbär im eiskalten Wasser nicht friert.

Die Hauptspeise der Eisbären sind Seehunde und andere Robben. Als Allesfresser mögen sie aber auch Beeren und Gräser.

Eisbären sind Einzelgänger. Nur im Frühjahr, nach der Winterruhe, finden sich Eisbärweibchen und -männchen zusammen, da sie sich vermehren möchten. Danach geht das Männchen wieder weg.

Das Weibchen gräbt sich eine sogenannte Geburtshöhle. Dort bringt es im März oder April die Jungen zur Welt. Meistens sind es zwei, ganz selten drei oder sogar vier.

Der Eisbär hat keine tierischen Feinde. Trotzdem gibt es immer weniger Eisbären. Schätzungen sagen, dass es derzeit nur noch 25.000 der schönen Raubtiere gibt. Aber warum? Auf der Welt wird es immer wärmer. Dadurch schmilzt das Eis in der Arktis immer mehr ab. Dies macht es für die Eisbären immer schwieriger, Nahrung zu finden. Sie brauchen festes Packeis, auf dem sie stehen und von dem aus sie Robben jagen können.

2. Kreise alle Adjektive im folgenden Kasten ein.

dick	dicht	eiskalt	schön	warm	schmilzt	groß

6	Name: ______________________ Datum: ____________

3. *Vervollständige die Tabelle.*

groß	größer	am größten
	kälter	
		am wildesten
	dünner	
hungrig		
	gefährlicher	

4. *Lies dir den Text in Ruhe durch.*
Ergänze die Pronomen, die du im Eisbären findest, im Text.
Achte dabei auf die Groß- und Kleinschreibung.

Auf der Suche nach ____________________
Futter legt der Eisbär viele Kilometer zurück.
____________________ Fell und die Fettschicht
sorgen dafür, dass ____________________
nicht kalt wird. Robben sind seine Leibspeise.
Diese schützen sich und ____________________
Babys vor dem großen Feind, indem ____________________ sich
in ____________________ gewohnten Schneehöhlen verstecken,
sobald sich ein Eisbär nähert.

5. *Ersetze die unterstrichenen Wörter durch Pronomen.*

<u>Der Eisbär</u> schwimmt durch das kalte Wasser.

____

Die Robbe fürchtet sich vor <u>dem Eisbären</u>.

____

Durch die Erderwärmung schmilzt das Eis in <u>der Arktis</u>.

____

Auf <u>der Welt</u> gibt es leider nicht mehr viele Eisbären.

____

7	Name: ______________________ Datum: ______________

6. *Trenne die Nomen erkennbar durch Striche ab.*

EISBÄRKÄLTEHUNGERSCHNEEROBBEWASSERWELTGEFAHR

7. *Schreibe die bestimmten Artikel vor die Nomen.*

______ Frost	______ Arktis	______ Polarbär
______ Fell	______ Seehunde	______ Schwimmer
______ Männchen	______ Eis	______ Höhle

8. *Hier findest du zusammengesetzte Nomen. Trenne die Nomen durch einen Strich und schreibe die Nomen auf, aus denen das Wort zusammengesetzt wurde. Denke auch an die Artikel.*

die Jagdwaffe:	die Jagd	+	die Waffe
das Raubtier:	______	+	______
die Eiszeit:	______	+	______
die Winterruhe:	______	+	______
die Geburtshöhle:	______	+	______

9. *Finde zwei weitere zusammengesetzte Nomen im Text und schreibe sie auf.*

______: ______ + ______

______: ______ + ______

10. *Finde die richtigen Oberbegriffe zu den Wörtern.*

Jahreszeiten Wetter Raubtiere Erdteil Obst

______	______	______
Eisbär	Wärme	Beeren
Löwe	Kälte	Äpfel
Leopard	Frost	Bananen
Braunbär	Hitze	Melonen

8	**Name:** ______________________________ **Datum:** ______________	

1. *Lies den Text.*

Zungenbrecher

- Blaukraut bleibt Blaukraut und Brautkleid bleibt Brautkleid.
- Fischers Fritze fischt frische Fische, frische Fische fischt Fischers Fritze.
- Kleine Kinder können keine kleinen Kirschkerne knacken.
- Auf dem Rasen rasen Hasen, atmen rasselnd durch die Nasen.
- Der dicke Dietmar trägt den dünnen Dietmar durchs Dorf.
- Zehn Ziegen zogen zehn Zentner* Zucker zum Zoo.

* Zentner ist eine Maßeinheit. 1 Zentner sind 100 Kilogramm.

2. *Schreibe die beiden zusammengesetzten Nomen aus dem Zungenbrecher hier auf.*

★★ Blaukraut bleibt Blaukraut und Brautkleid bleibt Brautkleid. ★★

____

3. *Vervollständige die Tabelle. Schreibe die Nomen mit ihren Artikeln auf.*

Einzahl	Mehrzahl
der Hase	
	die Kirschkerne
das Dorf	
	die Kirschen
der Zoo	
	die Kinder
das Blaukraut	

4. *Kreise alle Adjektive ein!*

frisch	dünn	rasselnd	atmen	klein

9	Name: ______________________ Datum: ______________

5. *Welches Wort passt nicht in die Zeile? Streiche es durch.*

Ziegen	Heu	Stall	Bauernhof	Geld

Sofa	Gedicht	Brief	Zungenbrecher

Braut	Hochzeit	Apfel	Blumen	Kirche

6. *Bilde einen sinnvollen Satz. Achte dabei auf die Groß- und Kleinschreibung.*

SPRECHEN NICHT ES ZU IST SCHNELL ZUNGENBRECHER EINFACH

____

____

7. *Lies dir den folgenden Zungenbrecher durch.*
Kreise alle Nomen blau ein, alle Verben rot.

Auf dem Rasen rasen Hasen, atmen rasselnd durch die Nasen.

8. *In jedem Kasten gehört ein Wort nicht zur Wortart. Streiche es durch.*

Ziegen	Zaun	zogen	Zentner	Zucker	Zoo

kauen	können	küssen	kommen	knacken	Kinder

Rasen	Hasen	atmen	Nasen	Kaninchen	Bad

Name: ______________________________

Datum: ________________

9. Ein Zungenbrecher ist in einer anderen Zeitform geschrieben. Kreuze ihn an.

- ☐ Fischers Fritze fischt frische Fische, frische Fische fischt Fischers Fritze.
- ☐ Zehn Ziegen zogen zehn Zentner Zucker zum Zoo.
- ☐ Der dicke Dietmar trägt den dünnen Dietmar durchs Dorf.

10. In diesen Zungenbrechern findest du einige Verben. Verändere die Verben in die passende Form.

die Brautkleider bleiben ➔ das Brautkleid ______________________________

die Fischer fischen ➔ der Fischer ______________________________

die Kinder können ➔ das Kind ______________________________

die Hasen rasen ➔ der Hase ______________________________

die Männer tragen ➔ der Mann ______________________________

die Ziegen ziehen ➔ die Ziege ______________________________

11	Name: ______ Datum: ______	

1. *Lies den Text.*

Der Mann auf dem Mond

Das hätte wohl keiner für möglich gehalten. In der Nacht vom 20. auf den 21. Juli 1969 geschah etwas Unglaubliches: Neil Armstrong betrat als erster Mensch den Mond. Viele Jahre hatte die amerikanische Weltraumbehörde NASA darauf hingearbeitet und sehr viel Geld für das Projekt ausgegeben. Neil Armstrong und zwei Kollegen waren mit der Mondfähre Apollo 11 zum Mond geflogen. Für diese Reise hatten sie drei Tage benötigt.

2. *Trenne die Nomen erkennbar durch Striche ab.*

MONDWELTALLRAKETEASTRONAUTFLUGZEUGUNIVERSUM

3. *Schreibe die bestimmten Artikel vor die Nomen.*

______ Reise	______ Mondfähre	______ Geld
______ Jahr	______ Wunder	______ Projekt
______ Mann	______ Land	______ Rakete

4. *Verändere die Verben in die passende Form.*

wir halten → es ______
wir betreten → du ______
wir fliegen → ich ______
wir benötigen → ihr ______
wir sind → er ______
wir arbeiten → du ______

12	**Name:** ______________________ **Datum:** ______________

5. *Bilde einen sinnvollen Satz. Achte dabei auf die Groß- und Kleinschreibung.*

MOND ASTRONAUT EINER FLIEGT RAKETE DER MIT ZUM

____

____

SONNENSYSTEM IN GIBT ACHT UNSEREM PLANETEN ES

____

____

6. *Finde die richtigen Oberbegriffe zu den Wörtern.*

Berufe Planeten Fahrzeuge Essen

______________	______________	______________
Auto	Pilot	Erde
Rakete	Arzt	Jupiter
Flugzeug	Astronaut	Mars
Fahrrad	Lehrer	Saturn

13	**Name:** ______________________ **Datum:** ______________	

7. *Lies dir den Text in Ruhe durch.*
Ergänze die Pronomen, die du in dem Astronauten findest, im Text.
Achte dabei auf die Groß- und Kleinschreibung.

In ____________________ Sonnensystem sind acht Planeten bekannt.

Man kann einige von ____________________ mit dem Auge erkennen: Merkur, Venus, Mars, Jupiter und Saturn.

Dazu kommt natürlich ____________________ Erde.

Zwei weitere Planeten heißen Uranus und Neptun.

Der kleinste Planet ist der Merkur.

__________ hat einen Durchmesser von ca. 4,9 km. Der größte Planet heißt Jupiter.

__________ Durchmesser ist ca. 142.800 km.